So fliegen wir
durch die Luft.

Damit können
wir schwimmen.

Und damit
fahren wir.

Fliegen, fahren, schwimmen
Mit Flugzeug, Auto, Zug und Schiff

ENTDECKEN & BEGREIFEN

Velber Verlag

Freiburg im Breisgau
Text und Konzept: Astrid Hille & Dina Schäfer
Jllustrationen: Melanie Garanin
Layout: Anja Schmidt
Repro: Baun PrePress, Fellbach
Druck und Bindung: Gruppo Olivotto, Italien

JSBN 3-89858-286-8

velber

ENTDECKEN & BEGREIFEN

Fliegen, fahren, schwimmen

Mit Flugzeug, Auto, Zug und Schiff

A. Hille & D. Schäfer
Melanie Garanin

velber

Ich bin Jakob.
Und das sind
meine Freunde.

Lea Jan Lotta Jonas

Wir können laufen und schleichen,
krabbeln und springen
und auf den Händen gehen ...

Und jetzt entdecken wir,
womit wir fliegen, schwimmen
und fahren können. Komm mit!

So fliegen wir durch die Luft.

Startbahn frei!

Morgen fliegen Jan und Lea mit dem Flugzeug. Die beiden sind ganz aufgeregt. Denn sie fliegen zum ersten Mal allein. „Startbahn frei!", ruft Lea und wirft ihren Papierflieger in die Luft ...

Am Flughafen wartet eine Stewardess auf die Kinder.
Sie gehen zusammen zum Schalter und geben die Koffer ab.

Bei der Sicherheitskontrolle werden die Rucksäcke durchleuchtet.
Und die Kinder werden mit der Kelle abgetastet.

Ein Bus bringt die Kinder zum Flugzeug. „Ist das riesig!“, staunt Jan. Lea hält sich die Ohren zu. Die Turbinen machen einen Höllenlärm!

Beim Einsteigen dürfen die Kinder ins Cockpit schauen. „So viele Schalter, Uhren und Lämpchen!“, sagt Lea.

„Bitte anschnallen!“, tönt es aus dem Lautsprecher. „Wir starten.“ Das Flugzeug rollt zur Startbahn, dann rast es los und hebt ab. Jan und Lea halten sich fest an den Händen.

„Wir fliegen!“, jubelt Jan. „Gleich sind wir in den Wolken!“
„Und schau mal“, ruft Lea, „alles wird ganz klein auf der Erde! Wie in einer Spielzeugstadt.“

Der Hubschrauber

Auch Libellen können vorwärts und rückwärts fliegen, in der Luft stehen und senkrecht landen.

Flugzeuge brauchen eine Startbahn, ein Hubschrauber nicht. Seine Rotoren drehen sich ganz schnell. Er kann senkrecht starten und landen, in alle Richtungen fliegen und in der Luft stehen!

Die Rakete

Eine Rakete fliegt besonders schnell. Die Triebwerke stoßen heiße Gase aus. Die Gase treiben die Rakete voran. Raketen tragen Satelliten und Raumschiffe ins Weltall. Diese können bis zum Mond und noch weiter fliegen.

Das Segelflugzeug

Ein Segelflugzeug braucht keinen Motor. Es lässt sich von einem anderen Flugzeug hoch in die Luft ziehen - und dann vom Wind tragen.

Der Heißluftballon

Auch ein Heißluftballon fliegt ohne Motor. Ein Gasbrenner bläst heiße Luft in den Ballon. Weil heiße Luft leichter ist als kühle Luft, steigt der Ballon zum Himmel.

Luftpost

Was passiert mit dem roten Ballon?
Schau dir die Bilder an und erzähle eine Geschichte dazu.

Gerettet

Auf diesen Bildern geht es auch ums Fliegen.
Erzähle, was die Kinder erleben.

Damit können wir schwimmen.

Lotta auf hoher See

Lottas Onkel Jens ist Kapitän auf einem Frachtschiff.
Seit Wochen bettelt Lotta, dass sie einmal mitfahren darf.
Heute ist es soweit. Im Hamburger Hafen gehen sie an Bord.

Bevor sie losfahren, wird das Schiff beladen.
Große Lastwagen bringen Container, Säcke und Kisten zum Frachtschiff.

„Leinen los!“, ruft Onkel Jens und schon legen sie ab.
Langsam steuert er das Schiff aus dem Hafen.
Dann geht es auf der Elbe entlang bis zur Nordsee.

Onkel Jens zeigt Lotta das ganze Schiff.
Auf der Kommandobrücke darf Lotta das Steuerrad halten.

Dann gehen sie in den Maschinenraum und in die Kombüse – so heißt die Küche auf einem Schiff.

Lotta hat sogar eine eigene kleine Kajüte an Bord.
Hier schläft sie.

Als Lotta am Morgen aufwacht, sind sie schon im Hafen von Rotterdam. Lotta freut sich: Sie ist das erste Mal in Holland.

Schiffe und Fähren

Ein Frachtschiff befördert Waren und Güter.
Auf einem Passagierschiff fahren viele Menschen mit.

Fähren nehmen Passagiere, Autos, Lastwagen
und sogar ganze Züge mit.

Das U-Boot

Ein U-Boot gleitet durchs Wasser wie ein Wal.

Ein U-Boot kann tief ins Wasser eintauchen und lange unter Wasser bleiben.

Das Paddelboot

Eine Ente paddelt mit den Füßen.

Ein Ruderboot braucht keinen Motor.
Es kommt gut voran, wenn du kräftig paddelst.

Das Segelboot

Das Segelboot fährt mit dem Wind.
Wenn kein Wind geht, dann ist Flaute und es steht still.

Pfützenkapitäne

Kannst du erzählen, was sich die beiden Kinder ausgedacht haben?

Der Sandschlepper

Die zwei haben eine tolle Idee.
Erzähle, was du auf den Bildern siehst.

Und damit fahren wir.

Jonas zieht um

Jonas ist ganz aufgeregt. Heute ziehen sie in das neue Haus. Der Möbelwagen ist da und die ersten Kisten stehen schon draußen. Ob alles in den Wagen passt?

Die Möbelpacker stellen den großen Schrank,
das Sofa und die Kisten in den Lastwagen.
Jonas bringt seine Spielkiste mit der Ritterburg.

Weil Jonas so schön geholfen hat, darf er einmal auf den Fahrersitz klettern und sich an das große Lenkrad setzen. „Ist das hoch hier!“, staunt Jonas.

Dann ist alles in dem Möbelwagen verstaut. Jetzt geht's los.
Jonas und seine Eltern fahren mit dem Auto hinterher.

Vor einer Bahnschranke müssen sie anhalten.
Ein langer Zug fährt vorbei.

Dann sind sie endlich da. Die anderen laden die Möbel aus, und Jonas fährt sofort mit seinem Roller los.

In der Straße gibt es eine schöne Baustelle. Im Garten steht sogar ein Bagger. Hier gefällt es Jonas gut!

Der Bagger

Ein Maulwurf gräbt auch tiefe Löcher in die Erde.

Ein Bagger kann über Sand und Hügel, Matsch und Steine fahren. Mit Schaufeln gräbt er tiefe Löcher in die Erde.

Die Planierraupe

Die Planierraupe fährt auf Ketten.
Damit ist sie sehr beweglich.
Sie schiebt Erde auf einen Haufen und macht den Boden glatt.

Das Feuerwehrauto

Ein Feuerwehrauto hat eine große Leiter und einen langen Wasserschlauch. Wenn es irgendwo brennt, fährt es mit lauter Sirene sofort los.

Der Rennwagen

Mit einem Rennwagen kann man am schnellsten fahren. Auf großen Rennstrecken fahren Rennfahrer aus der ganzen Welt um die Wette.

Das Wettrennen

Schau dir die Bilder an. Was machen die Kinder?

Magst du eine Geschichte zu den Bildern erzählen?

Eine Abenteuerfahrt

 möchte eine große Reise machen.

Er fährt mit dem  zum Bahnhof.

Der  wartet schon.

In Hamburg geht  zum Hafen.

Er will mit dem  an den Nordpol fahren.

Das  bleibt im Eis stecken.

 muss mit einem  weiterfliegen.

Der bringt ihn zum Flughafen.

 fliegt mit einem  nach Amerika. Mit einem  fährt er durch das weite Land. Danach segelt er auf einem großen  über das Meer. In einem  geht es zurück über die hohen Berge. Dann steigt  in den . Als er aussteigt, kann er schon seinen  sehen. Bald ist  wieder zu Hause.

So fliegen wir
durch die Luft.

Damit können
wir schwimmen.

Und damit
fahren wir.